AF496062

RECITS
DES GRANDS JOURS
DE L'HISTOIRE
PAUL GAULOT
15 c.mes Le volume
La FÊTE
DE LA
Fédération
D'APRÈS UNE
Relation contemporaine
No 52
Il paraît un volume chaque Semaine
HENRI GAUTIER éditeur 55 quai des Grands Augustins PARIS

La Fête de la Fédération

14 Juillet 1790

L E mouvement révolutionnaire, dont l'explosion eut lieu en 1789, fut regardé par la grande majorité des Français, comme le commencement d'une ère de bonheur, de liberté et de fraternité. Ces sentiments étaient sincères, et la masse populaire, ignorante et naïve comme toutes les masses, croyait bonnement à la réalisation prochaine de telles espérances. Elle y croyait même si bien que, ne les voyant point passer dans le domaine des faits, plutôt que de reconnaître qu'elle s'était trompée ou qu'on l'avait trompée par de vaines paroles, elle s'en prit aux prétendus ennemis de son bonheur, et, tour à tour, accusa la Cour, la noblesse, le clergé, la finance ou l'étranger de ses constantes déceptions. De là, à l'intérieur, des suspicions, des colères, des massacres; à l'extérieur, la lutte énergique et sauvage; mais, avant d'arriver à ce point de folie sanguinaire ou héroïque, comme des oasis dans l'aridité du désert, la nation nous a laissé le souvenir de moments touchants par l'étalage d'une confiance réciproque, où il sembla que la discorde était enfin bannie des cœurs, et l'union établie entre tous les Français.

Quelques-uns de ces instants trop courts mais heureux sont restés célèbres: ce furent la nuit du 4 août 1789, et la fête de la Fédération du 14 juillet 1790.

[1]

Dans les premiers mois de l'année 1790, tandis que l'Assemblée se livrait à ses travaux législatifs et préparait une constitution à la France, de tous côtés les départements, les villes, les villages, les plus humbles bourgades manifestaient le désir de s'entendre, de se réunir, de se *fédérer* pour employer le mot alors usité. Les cérémonies destinées à cimenter ces fédérations étaient à peu près partout les mêmes, et l'influence de Rousseau se faisait sentir dans leur organisation : on invoquait la Nature,, qu'il avait mise à la mode. Et pour se conformer aux lois de la Nature, on amenait aux réunions des petits enfants, des jeunes filles parées de fleurs, des vieillards couronnés d'épis et de feuilles de chêne, et chacun jurait de vivre libre ou de mourir : serment prononcé à la face du ciel, témoin sacré des promesses solennelles.

Lyon, Strasbourg, Valence, avaient eu leur fête de la Fédération. L'Assemblée Constituante décréta que la France aurait la sienne aussi qui, naturellement, se tiendrait à Paris.

Chacune des communes du royaume enverrait ses délégués à la cérémonie. Afin qu'une si grande agglomération pût tenir à l'aise, on choisit le Champ de Mars comme emplacement, puis l'on fixa la date de la Fédération au jour anniversaire de la prise de la Bastille, au 14 juillet 1790.

A cette nouvelle, un enthousiasme profond envahit le peuple tout entier : une immense multitude d'hommes et de femmes se porta au Champ de Mars pour aider les ouvriers occupés aux travaux de terrassement. Ceux qui étaient trop faibles pour manier la pioche ou la pelle apportaient du vin et des vivres et s'employaient à réconforter les travailleurs ; on chantait des couplets de circonstance, et notamment le *Ça ira*, qui n'avait point encore la terrible signification qu'il prit plus tard :

> Ah ! ça ira, ça ira, ça ira,
> Suivant les préceptes de l'Evangile :
> Celui qui s'abaisse s'élèvera,
> Celui qui s'élève on l'abaissera...

Le général Thiébault nous a laissé dans ses *Mémoires* une description animée de ce qu'il vit alors : « Des officiers se trouvant par congé à Paris, des moines même, enfin les femmes les plus élégantes, se confondant aux personnes de tout âge, de tout rang, de tout sexe, de toute opinion, encombrèrent, depuis midi jusqu'à l'heure du dîner et même après dîner, toutes les avenues du Champ de Mars de voitures, de calèches, de cabriolets! Chacun arrivait avec sa pelle ou sa pioche, et de toutes parts étaient expédiées des brouettes. En peu de jours tout le monde eut son costume, consistant en une veste à manches, un pantalon de coutil ou de nankin et un bonnet de police, beaucoup de dames se firent faire de ces petits bonnets très élégants et qui leur seyaient à merveille. Jamais on ne vendit autant de ces étoffes, jamais on ne confectionna plus de ces accoutrements. Ardeur et gaieté, il est impossible de dire laquelle l'emportait sur l'autre; du reste, elles servirent mutuellement, si bien que, avant le 10 juillet, les cent cinquante mille ouvriers eurent accompli un travail digne des anciens Romains.

« Au milieu d'un mouvement aussi extraordinaire, il n'y avait, on le conçoit, aucun ordre à établir ou à espérer; tout se bornait à réunir en troupe quelques centaines de personnes successivement arrivées et à leur indiquer, ainsi qu'aux bataillons (de la garde nationale), une portion de déblais à faire ou de talus à élever. Quant à la confusion elle fut inévitable, quelques jambes furent cassées, d'autres fort endommagées par suite de l'activité des conducteurs de brouettes, rivalisant à qui irait ou reviendrait le plus vite. Toutefois le zèle n'en fut pas plus ralenti que les chants et les rires ne furent interrompus. Spectacle au dernier point extraordinaire, et dont, certes, il n'y aura aucun autre exemple (1). »

De nombreux écrits ont retracé les détails de la fête: nous avons choisi une relation contemporaine anonyme. Elle a le double avantage de nous renseigner exactement sur la cérémonie, et de nous donner un exemple de l'enthousiasme populaire à ce moment. Le narrateur est, en effet, un patriote partageant les idées, les espérances et les illusions de son époque, et son récit, grâce à ce principal mérite, offre un attrait et un intérêt considérables. — P. G.

---

(1) *Mémoires du général baron Thiébault.* (Plon, Nourrit et Cie, éditeurs.)

Confédération nationale

OU

Récit exact circonstancié
de tout ce qui s'est passé à Paris le 14 juillet 1790
à la Fédération.

Avec le recueil de toutes les pièces officielles, etc.
Paris, an second de la Liberté.

I

La matinée du 14 juillet.

14 juillet, matinée de la Fédération.

14 juillet Beaucoup de citoyens avaient passé la nuit au Champ de Mars ; des détachements nombreux de la garde nationale parisienne s'y étaient rendus pour le garder. Le temps était très défavorable, le vent froid, et il tombait des ondées de pluie fortes et fréquentes ; rien cependant ne décourageait les spectateurs, parmi lesquels il y avait un très grand nombre de femmes. On y a fait toute la nuit des feux qui ont servi à réchauffer les braves enfants de la Liberté, et autour desquels on a formé des danses. Le jour venu, les soldats-citoyens témoignèrent, de la manière la plus expressive, la joie que leur inspirait l'approche d'un si beau moment. Quelques-uns faisaient des évolutions militaires ; d'autres formaient, autour de l'autel, un cercle immense ; quelques-uns s'amusaient à la course ; puis, formant des corps nombreux, ils tiraient le sabre, se précipitant les uns sur les autres, et, entrechoquant le glaive, ils donnaient le spectacle d'une petite guerre ; des chansons militaires, accompagnées du son des tambours, se mêlaient à ces exercices, que la pluie ne pouvait interrompre, quelle qu'en fût la violence ; et les ennemis de la Révolution

[4]

devaient sentir accroître leur douleur, en voyant l'ardeur de notre armée, que la fatigue et l'inclémence des saisons ne sauraient abattre.

Des étrangers, placés dans les gradins, et qui avaient été témoins de cette ivresse, d'un air sombre et sérieux se sont écriés : « Voyez un peu ces B... de Français, qui dansent pendant qu'il pleut à verse. » Les spectateurs n'étaient pas moins gais ; seulement ils maudissaient un peu les aristocrates et paraissaient persuadés que leurs longues et nombreuses iniquités avaient grande part à la pluie qui troublait nos plaisirs. Quelques-uns disaient qu'ils avaient fait une neuvaine ; d'autres appelaient ces ondées, les larmes des « aristocrates » ; enfin le peuple se fâchait contre le ciel, et disait qu'il était aristocrate.

Un homme mécontent a insulté une sentinelle ; il s'est vu saisi, entouré d'une multitude de gardes nationales et s'est dit conseiller au Parlement : on l'a conduit à la réserve et l'on a paru plus touché de sa démence, qu'offusqué de son insulte.

Vers huit heures du matin, les citoyens sont venus en plus grand nombre : les deux premiers rangs réservés pour les étrangers ne faisaient peine à personne, et les sentinelles n'éprouvaient aucune difficulté pour les garder ; mais les billets distribués en grand nombre pour une enceinte particulière, dont une partie était couverte, ont excité quelques tumultes ; on était fâché de voir cette préférence marquée, car on sentait bien que les billets n'avaient été distribués, par les présidents et commissaires des districts, qu'à leurs amis, leurs voisins et leurs confrères. Certes l'Assemblée fédérative a commis une faute en faisant distribuer ces billets. Les fêtes publiques, religieuses ou patriotiques, sont pour tout le monde, et les places doivent être pour les premiers arrivés.

II

Description du Champ de Mars préparé
pour la fête du 14.

Le Champ de Mars présente un cirque elliptique, ingénieusement dessiné entre des arbres d'une fraîche verdure et ce palais superbe où nos ennemis voyaient croître avec

[5]

peine les rejetons précieux des héros qui les ont vaincus (1).

Au milieu du cirque s'élève un autel dédié *à la Patrie*.

En face, adossé au bâtiment de l'Ecole militaire, un amphithéâtre immense supporte le trône où résidera la Majesté de la nation.

Autour de l'arène règne un autre amphithéâtre, composé de trente gradins, surmonté de planimétries inclinées, qui dans leur extrémité supérieure se confondent avec des branches d'arbres touffus, d'où naît le plus beau couronnement que l'art ait pu rapprocher.

Le cirque s'ouvre par un arc de triomphe d'un dessin hardi. Il a trois vastes entrées d'égale grandeur : un bas-relief supérieur et un couronnement d'ordre dorique en font la décoration.

On arrive à cet arc-de-triomphe par une longue chaussée que des milliers de bras ont pratiquée en comblant des fossés profonds, en faisant des levées de terre considérables, en formant un pont de bateaux dans toute la largeur de la Seine.

Ces préparatifs, qu'une année, ce semble, eût à peine pu voir achever, ont coûté quelques heures à nos gardes nationales, quelques minutes à nos Athéniennes.

III

La marche sur le Champ de Mars.

Enfin ce jour de bonheur luit sur la France. Mercredi, 14 juillet, 50.000 citoyens se sont rassemblés à six heures du matin sur le boulevard entre les quartiers du Temple et la Porte Saint-Martin (2): la municipalité, les électeurs, les cent vingt députés de la Commune, les représentants des quatre-vingt-trois départements. A huit heures précises ce cortège imposant est parti de la porte Saint-Martin.

La marche était ouverte par un détachement de la garde

----

(1) L'École militaire.

(2) Il a été donné à chacun des députés et des membres de la fête une médaille dont le dessin a été imaginé et exécuté par M. Gatteau ; un côté représente la France debout devant l'autel de la Patrie, ayant la main droite sur le livre de la Constitution et tenant de la main gauche un faisceau d'armes ; au bas de l'autel, la Félicité publique avec ses attributs ; derrière, un drapeau dont la lance porte un bonnet phrygien ; dans le haut, la Vérité qui repousse les nuages ; de l'autre côté du jeton, on lit pour exergue : *Confédération des Français, Paris, 14 juillet M. DCC. XC.*

nationale parisienne à cheval avec sa musique, ses cym-
bales et ses trompettes. Suivaient les citoyens de Paris,
électeurs à l'époque du 14 juillet 1789. Après ceux-ci, un
détachement de la garde nationale marchait précédé de la
musique. Venaient ensuite les députés de la Commune de
Paris, élus en août 1789; les cent vingt autres députés élus
par les soixante districts pour faire les honneurs de la fête,
accompagnés des présidents des districts; les soixante
administrateurs provisoires de la ville de Paris.

Le cortège d'honneur des cent vingt députés de la Com-
mune, des soixante présidents, des administrateurs et de
M. le Maire était formé par les gardes de la musique de
Paris.

On voyait alors flotter dans les airs ces bannières que la
Commune de Paris a données à chaque département comme
un gage d'alliance et de fraternité. Elles sont simples et
sans faste : un bâton terminé par une pique, des cravates
aux couleurs de la nation, un taffetas blanc, sur chacun
des deux côtés duquel sont peintes deux couronnes de
chêne, avec cette légende au milieu de l'une : « Constitution »; au milieu de l'autre : « Confédération nationale, à
Paris, XIV juillet M.DCC.XC ». Sur chacune est écrit aussi
le nom du département auquel elle appartient.

Sous ces drapeaux s'avançaient à pas lents et majestueux
tous ces hommes généreux qui, dévoués à la Révolution,
l'ont accélérée, fécondée de tous leurs efforts, dans nos
provinces reculées où l'esprit public s'est formé plus len-
tement, arrêté dans ses progrès par des superstitions politiques et par toutes les terreurs que la rage de nos ennemis soufflait dans l'âme des habitants des campagnes, à
peine mûrs pour la liberté.

On distinguait à leur attitude fière et majestueuse ces
Bretons invincibles que le despotisme, armé de toute sa
puissance, n'a jamais étonnés (1), et qui, dans les temps de
servitude même, faisaient trembler leurs oppresseurs. Vous
ne leur cédiez point en vertu, courageux Dauphinois, qui,
les premiers peut-être, avez osé proclamer vos droits, les

---

(1) Il est à peine besoin de faire observer que les réflexions de l'auteur de la
relation ne présentent point la même exactitude que ses renseignements sur les
détails de la cérémonie. « Les Bretons invincibles, que le despotisme n'a jamais
étonnés », devaient lui donner quelques années plus tard un étrange démenti, ou,
du moins, confirmer ses paroles et non sa pensée, en luttant par a *chouannerie*
contre le « despotisme » de la Convention. » Quant à « ceux du Lyonnais », ils
devaient montrer par leur révolte que le régime de la Terreur n'avait point leurs
sympathies. — P. G.

droits des peuples (1); et vous, sages Bordelais, qui, toujours prêts à voler au secours de vos frères, avez mérité une place distinguée dans les fastes d'un peuple régénéré. Tous les regards se fixent aussi sur ces dignes descendants de l'antique Marseille, la gloire de la nouvelle ; et sur ces Flamands, que de criminelles manœuvres n'ont pu séduire ; et sur ces patriotes qui sont venus des rives du Rhône, et sur ceux du Poitou, ceux de la Champagne, ceux du Lyonnais (2), et tous nos frères enfin, car tous s'honorent du nom de Français, tous ont concouru avec ardeur au bien commun, par un sacrifice sans exemple des intérêts particuliers.

Au centre des départements, les troupes de ligne suivaient l'oriflamme dont Paris leur a fait aussi présent, et qui était portée par M. Vergennes. *Les Couronnes civiques* qui la décorent, et ces mots, « Constitution et Confédération nationale » seront à jamais la devise de ces guerriers.

Le corps des ouvriers de l'artillerie et celui des mineurs, le régiment du Roi et celui des gardes Suisses, le corps royal du génie, la maréchaussée, la compagnie de la connétablie, les commissaires des guerres, les maréchaux de France, les lieutenants-généraux, les maréchaux de camp, les compagnies de la Maison militaire du roi, les officiers de service dans ces postes, le corps royal des canonniers-matelots, les ingénieurs-constructeurs de la marine, les commissaires-généraux et ordinaires des ports et arsenaux paraissaient avec éclat au milieu de toutes ces milices si chères à la France.

Notre admiration se reposait aussi sur ces vieux guerriers qui n'ont pas voulu quitter la vie sans avoir donné à la patrie un dernier témoignage de leur dévouement.

Les députés de Royal-Allemand semblaient néanmoins éprouver une sorte de gêne dans les murs où ils ont tiré sur le peuple ; mais sans doute ils étaient affectés des mêmes sentiments que leurs camarades ; et si de tristes souvenirs les privaient des applaudissements que recevaient les autres, ils ne peuvent en accuser que leur chef

(1) Allusion aux Etats particuliers qui se tinrent en 1788 à Vizille, et qui rédigèrent des demandes de réformes, préludes de la Révolution. — P. G.

(2) On a remarqué le dessin de l'étendard de ces patriotes, dont l'idée, prise chez les Romains, annonce qu'ils ne craignent pas de rivaliser avec eux en amour pour la liberté. Le costume riche et magnifique du tambour-major de cette ville relevait la superbe contenance de la députation.

Néron-Lambesc, dont le nom sera toujours odieux aux vrais patriotes (1).

L'accueil qu'ont reçu les députations des gardes du corps n'a pas dû également les satisfaire. On les a jugés avec trop de sévérité sans doute ; quelques-uns ont été coupables envers la nation (2) : c'est un fait qu'il serait inutile de vouloir pallier ; mais beaucoup de membres de ce corps étaient d'excellents patriotes. Ainsi, en ne confondant pas les coupables avec les innocents, en plaignant la situation de ces derniers, tous les citoyens désirent que le roi n'ait jamais une garde particulière ; et, en honorant l'individu qui le portait, ils n'ont pas vu avec plaisir un uniforme qui leur retraçait que cette garde existait encore.

Quant aux gardes du corps des frères du roi, il est incontestable que ceux-ci ne sont que de simples citoyens, et que des citoyens ne doivent point avoir de gardes : on doit être fort étonnés qu'ils en aient encore.

La marche était fermée par un détachement de gardes nationaux à cheval.

Le cortège avançait dans cet ordre, accompagné de deux haies de gardes nationaux, au son des instruments militaires, au bruit du plus harmonieux des concerts que formaient ces cris répetés par toutes les bouches, retentissant dans toutes les âmes : « Vive la Nation ! Vive le Roi ! »

La marche a suivi le boulevard jusqu'à la porte Saint-Denis, et parcouru la rue Saint-Denis jusqu'à la rue de la Ferronnerie.

Lorsqu'on est arrivé à cette rue devenue trop fameuse, tout à coup ces mouvements impétueux se ralentirent, tous les esprits se glacèrent d'une silencieuse horreur. Pourquoi ces gémissements et ces larmes sur le sort de Henri, comme si sa mort était encore récente, comme si ses mânes n'étaient pas vengées par l'exil du fanatisme ? Hélas ! on ne se console donc jamais de la perte d'un bon roi (3) !

Bientôt la rue Saint-Honoré est parcourue jusqu'à la

(1) Le 11 juillet 1789, en apprenant le renvoi du ministre Necker, une foule immense parcourut les rues de Paris, portant les bustes de Necker et du duc d'Orléans, considéré comme ennemi de la Cour. Le prince de Lambesc, commandant le Royal-Allemand, la fit disperser à coups de sabre sur la place Louis XV (aujourd'hui de la Concorde) et dans le jardin des Tuileries. — P. G.

(2) Allusion au banquet donné par les gardes du corps à Versailles, au commencement d'octobre 1789. (Voir le n° 47 des *Récits des Grands Jours de l'Histoire.*)

(3) Le narrateur fait ici allusion à l'assassinat de Henri IV, le 14 mai 1610, dans la rue de la Ferronnerie. On en trouvera le récit dans le n° 19 des *Récits des Grands Jours de l'Histoire.*

place Royale. Dans les chemins, aux fenêtres, sur les toits, partout des hommes transportés, énivrés d'une joie sage, qui ne ressemble point à la joie pétulante des esclaves. Aux accents de l'allégresse publique, des vieillards se raniment, et s'étonnent de trouver la mort moins amère ; des mères accourent, leurs enfants dans les bras, et fidèles aux mouvements de la nature, elles les consacrent à la patrie, et promettent de leur faire sucer avec le lait un attachement inviolable « à la Nation, à la Loi, au Roi. »

Les soldats-citoyens sur pied depuis cinq heures du matin mouraient de faim. On leur jette par les fenêtres des pains qu'ils recevaient sur leurs sabres et sur leurs baïonnettes ; on y joignait des viandes froides ou fumées ; on leur descendait du vin, de l'eau-de-vie, des liqueurs, de l'eau dans des bouteilles attachées à de longs rubans aux trois couleurs. Ils saisissaient tout avec empressement.

Les cris : « Vive la Nation ! Vive la Loi ! Vivent nos frères ! » perçaient les airs, et les députés des provinces répétaient : « Vive les Parisiens nos frères, nos amis, les conquérants de la liberté ! »

L'Assemblée nationale, présidée par M. Bonnay, s'était avancée jusqu'à la place Louis XV ; quand on y fut arrivé, les pelotons de drapeaux se portèrent à droite et à gauche, en sorte que l'auguste Assemblée fut reçue entre deux haies qui lui servaient d'escorte. Le cortège ainsi composé passa, en détournant les yeux, devant la statue orgueilleuse de ce roi qui devint le fléau d'un peuple qui l'avait appelé le *Bien-Aimé !* (1). La marche fut continuée par le Cours-la-Reine et le quai de Chaillot. Sur les midi, on traversa la Seine sur le pont de bateaux, et, joignant la chaussée nouvellement pratiquée, on arrive au Champ de Mars.

IV

Le Champ de Mars.

Se présente l'Arc de Triomphe décoré de tout ce que l'art peut imaginer de plus grand et de plus simple en même temps.

(1) La statue de Louis XV se trouvait au centre de la place, à l'endroit où s'élève aujourd'hui l'obélisque. Elle fut renversée le 10 août 1792, et remplacée par une statue de la Liberté, qui fut inaugurée le 10 août 1793, jour de la fête de la Régénération. C'est en s'adressant à cette statue, voisine du lieu où l'on dressait l'échafaud, que Mme Roland s'écria, en allant au supplice : « O Liberté, que de crimes on commet en ton nom ! » — P. G.

Au-dessus de l'entrée principale, d'un côté, se lisaient ces mots :

> Consacrés au grand travail de la Constitution,
> Nous le terminerons.

De l'autre côté :

> Le pauvre sous ce défenseur
> Ne craindra plus que l'oppresseur
> Lui ravisse son héritage.

Ces deux inscriptions se rapportent à l'action de quelques personnages allégoriques qu'on voit s'élancer à travers les obstacles vers le but désiré que leur montre la Loi.

A l'entrée, du côté gauche, des guerriers prêtent le serment civique et semblent prononcer ces vers qu'on lit plus bas :

> La Patrie ou la Loi peut seule nous armer,
> Mourons pour la défendre, et vivons pour l'aimer.

Au-dessus de l'entrée latérale, à droite, des hérauts d'armes embouchent la trompette, proclament la paix dans l'étendue d'un vaste empire, et les peuples, s'abandonnant à de douces espérances, chantent avec allégresse :

> Tout nous offre d'heureux présages ;
> Tout flatte nos désirs ;
> Douce paix, loin de nous écarte les orages,
> Et comble nos plaisirs.

Voici les inscriptions qu'on lisait sur l'Arc de Triomphe et qui forçaient de jeter les regards en arrière :

> Les droits de l'homme étaient méconnus depuis des siècles. Ils ont été reconquis pour l'humanité entière.

Des députés de différents peuples viennent rendre hommage à l'Assemblée nationale, dans le tableau placé au-dessus de ces mots :

> Le roi d'un peuple libre est seul un roi puissant.

Ce vers est justifié par l'emblème d'une femme qui enchaîne des lions à son char, et attache à sa suite la Force, la Puissance, représentées par différentes figures ; elle est appuyée sur le livre de la loi ; suivent le Roi, la Reine ; ils tiennent leur fils par la main ; plus loin, on voit une foule de sages.

Alors se livre un combat contre l'hydre redoutable ; on voit ses têtes abattues par une main terrible ; au-dessus, ce distique :

> Nous ne vous craignons plus, subalternes tyrans,
> Vous qui nous opprimiez sous cent noms différents.

A l'autre extrémité, un peuple immense écoute avec attention les sages exhortations d'un guerrier victorieux, exprimées par ces mots :

> Vous chérissiez cette liberté, vous la possédez maintenant ; montrez-vous dignes de la conserver.

Au milieu du cirque où s'élève l'autel circulaire, se sont placés les doyens d'âge des départements et des pelotons de troupes de ligne. Les bannières et l'oriflamme sont déployées. L'encens brûle et monte vers le ciel ; tout est préparé pour le sacrifice.

L'autel est entouré de quatre exhaussements placés vers les quatre parties du monde.

Sur la première face, à gauche, une belle femme écarte et dissipe les nuages qui l'entourent, et sa beauté brille dans tout son éclat. On lit au-dessus : *Constitution*.

La France, sous la forme d'une femme, paraît assise sur une partie du globe ; elle a dans ses mains la corne d'abondance ; à ses côtés sont les attributs des arts et des sciences.

Sur la façade qui regarde la galerie, des guerriers, les bras tendus vers un autel, prononcent ce serment :

> « Nous jurons de rester à jamais fidèles à la nation, à la loi et au
> « Roi, de maintenir de tout notre pouvoir la Constitution décrétée par
> « l'Assemblée nationale et acceptée par le Roi ; de protéger, conformé-
> « ment à la loi, la sûreté des personnes et des propriétés, la libre cir-
> « culation des grains dans l'intérieur du royaume, la perception des
> « contributions publiques, sous quelques formes qu'elles existent, et
> « de demeurer unis à tous les Français par les liens indissolubles de
> « la fraternité. »

Sur l'un des côtés, vis-à-vis l'amphithéâtre circulaire, on lisait ces vers gravés dans toutes les âmes libres :

> Les mortels sont égaux : ce n'est point la naissance,
> C'est la seule vertu qui fait la différence.

LA FÊTE DE LA FÉDÉRATION AU CHAMP DE MARS

Dessin de Monet, gravé par Hellmann

La loi, dans tout Etat, doit être universelle,
Les mortels, quels qu'ils soient, sont égaux devant elle.

Sur le côté opposé, la renommée proclame dans toute la France des décrets immortels qu'elle proclamera bientôt dans l'univers :

Songez aux trois mots sacrés qui garantissent ces décrets :
La Nation, la Loi, le Roi.
La Nation, c'est vous.
La Loi, c'est encore vous, c'est votre volonté.
Le Roi, c'est le gardien de la Loi.

La cavalerie, qui précédait la marche, s'était portée à droite et rangée dans la contre-allée extérieure, et sur les gradins de l'amphithéâtre se sont formées toutes les compagnies employées dans l'escorte.

Le bataillon des élèves militaires, *l'espérance de la Patrie*, était placé de cent pas en avant de l'autel, où il se formait transversalement au Champ de Mars, faisant face à l'autel.

Les vétérans, par le plus beau des contrastes, s'étaient portés de cent pas en arrière de l'autel, aussi transversalement au Champ de Mars.

Ne pouvant plus charger lestement un fusil, ils ont armé leurs bras d'une longue pique. Quelques gens mal intentionnés ont voulu jeter du ridicule sur ce trait de patriotisme, mais l'histoire l'inscrira dans ses fastes, et nos descendants ne le liront point sans attendrissement.

Le détachement du département de l'Ain s'est étendu vers la gauche, de manière à n'occuper qu'une certaine profondeur : il faisait face à l'autel.

Le détachement venu de l'Aisne a suivi sur la droite les mêmes dispositions; le même ordre pour les autres départements successivement.

Les troupes de la ligne, sur la gauche, et le détachement de la marine, sur la droite, étaient aussi tournés vers l'autel.

L'amphithéâtre superbe adossé à l'autel militaire a reçu, sous le plus élégant pavillon, l'Assemblée nationale, la Municipalité et les électeurs. Sous un dais, surmonté d'un drapeau blanc (1), le président de l'Assemblée s'est placé à côté

(1) Sous l'ancienne monarchie, il n'y avait pas de drapeau national. Chaque régiment avait un étendard différent. Le Roi avait une bannière blanche. Les couleurs de la ville de Paris étaient le bleu et le rouge; c'est en plaçant au centre de ces couleurs la couleur royale, qu'a été formé le drapeau tricolore.
P. G.

[13]

du Roi. C'est de là que ce bon prince, entouré de son épouse, de ses enfants, de tous les objets chers à son cœur, contemplait un spectacle que les richesses et la grandeur ne donneront jamais à un monarque; quinze cent mille hommes (1) prêts à verser tout leur sang pour sa défense, quinze cent mille hommes, représentants de trente millions d'hommes, prêts à prolonger sa vie aux dépens de leurs jours. Combien il en a dû coûter à sa sensibilité de n'avoir pu se montrer dans toute la longueur de sa marche au milieu de ses enfants! Mais il faut qu'on sache qu'il s'est rendu à la cérémonie dans la voiture du sacre; il pensait avec raison que ce jour devait être celui de son vrai couronnement, du couronnement de sa prospérité.

La procession fédérale a duré fort longtemps; elle éprouvait de fréquents retards, à mesure que les corps arrivés au Champ de Mars y prenaient place; quand elle s'arrêtait, les danses avaient lieu malgré les averses; les députés d'Auvergne, de Provence, etc., exécutaient celles de leur pays.

Partout M. Bailly (2) a reçu de ses concitoyens les marques d'attachement et d'estime dus à ses vertus et à ses services. M. de La Fayette (3) a été accueilli avec transport.

V

La Cérémonie.

Il est impossible de décrire le spectacle qu'offrait le Champ de Mars, quand tous les corps y ont été réunis; les soixante drapeaux de Paris, et les quatre-vingt-trois bannières flottantes, offraient au milieu de cette foule immense de soldats le coup d'œil le plus ravissant. Un peuple immense assis sur les gradins du cirque, les arbres couronnant, par leur cime ondoyante, et la montagne de Chaillot et de Passy, dont les jolies maisons étaient chargées de spectateurs, ajoutaient à l'agrément et à la richesse du tableau.

Le cortège placé, l'oriflamme et les bannières des départements ont été portées en haut des marches de l'esplanade, au bas de l'autel, pour recevoir la bénédiction, puis reportées à leurs départements respectifs.

(1) Il y a là une forte exagération, et, pour rester dans le vrai, il convient de diminuer d'un million le chiffre donné.

(2) Maire de Paris.

(3) Commandant en chef des gardes nationales du royaume.

A trois heures et demie, l'évêque d'Autun (1), accompagné des soixante aumôniers de la garde parisienne, a commencé le sacrifice.

La musique la plus imposante commandait aux âmes d'élever leurs pensées à l'Éternel.

La messe finie, la bombe a donné le signal convenu à toutes les municipalités du royaume.

Un silence religieux a préparé le plus beau moment de la monarchie française.

M. de La Fayette est monté à l'autel. Là, au nom de toutes les gardes nationales de France, il a prononcé le serment suivant :

« Je jure d'être à jamais fidèle à la nation, à la loi et au Roi, de maintenir la Constitution décrétée par l'Assemblée nationale et acceptée par le Roi, de protéger, conformément aux lois, la sûreté des personnes et des propriétés, la libre circulation des grains et la perception des contributions publiques, sous quelques formes qu'elles existent, de demeurer uni à tous les Français par les liens indissolubles de la fraternité. »

Tous les députés des gardes nationales et autres troupes du royaume se sont écriés : « Je le jure. »

Le président de l'Assemblée s'est avancé :

« Je jure d'être fidèle à la nation, à la loi et au Roi et de maintenir de tout mon pouvoir la Constitution décrétée par l'Assemblée nationale et acceptée par le Roi. »

Chacun des membres de l'Assemblée a répété : « Je le jure. »

Le Roi a levé les bras vers l'autel :

« Moi, Roi des Français, je jure à la nation d'employer tout le pouvoir qui m'est délégué par la loi constitutionnelle de l'Etat, à maintenir la Constitution et à faire exécuter les lois. »

Quinze cent mille voix ont crié : « Je le jure » et ce serment a retenti jusqu'aux extrémités de la France.

Entendez ce serment, vous qui menacez encore notre Constitution, entendez et tremblez.

Pendant toute cette cérémonie, l'artillerie faisait un bruit imposant et plus de trois cents tambours étaient frappés à la fois.

---

(1) Talleyrand, plus tard ministre des affaires étrangères sous le Directoire, l'Empire et la Restauration, ambassadeur sous Louis-Philippe. On rapporte qu'après avoir prêté serment entre les mains de ce Roi, il se pencha vers lui et dit à voix basse : « Sire, c'est le sixième. » — P. G.

[15]

Au bruit de l'artillerie, les personnes restées dans Paris et qui bordaient les fenêtres, ont levé la main avec transport. Un père a pris celle de son fils au berceau pour le faire participer au serment de patriotisme.

Le Roi, comme il a été dit plus haut, était venu avec la famille royale dans ses voitures, et Sa Majesté y était entrée par le bâtiment de l'Ecole militaire, où était adossé l'amphithéâtre du trône. La Reine, M. le Dauphin, *Madame*, *Monsieur*, etc., etc., étaient placés dans une estrade au-dessus du Roi: soixante-huit personnes de la Cour formaient le cortège de Sa Majesté. Elle avait un habit à la française, lilas et argent avec une broderie très riche.

On aurait désiré que le Roi se fût avancé lui-même, qu'il eût traversé le cirque et qu'en présence du peuple qui l'aurait vu de tous les côtés, il eût prêté ce serment solennel. De quelle douce jouissance l'ont privé ceux qui lui ont conseillé de ne pas faire cette démarche! Quels cris! quels transports n'eût-elle pas excités. On paraissait disposé à le porter jusqu'à l'autel.

La Reine, qui avait des plumes aux couleurs de la nation, a également prêté serment. Après que le Roi a eu prêté le sien, il a été joindre sa famille, il a embrassé ses enfants, il a pris la main de la Reine et du Dauphin, il les a serrées avec la plus vive émotion.

Quand le *Te Deum* a été chanté, tous les soldats-citoyens ont remis leurs épées dans le fourreau et se sont précipités dans les bras l'un de l'autre, en se promettant union, amitié, constitution, et de mourir pour la défense de la liberté.

VI

La soirée du 14 Juillet.

Il était près de six heures quand les députations des provinces se sont rendues à la Muette, où on leur avait préparé un dîner, principalement composé de viandes froides. Dans toutes les allées du parc, des tables étaient dressées, et les provisions si abondantes qu'après le dîner des gardes nationales on en a distribué à tout le peuple.

Il est inutile de dire que la joie et la fraternité présidaient à ce repas patriotique, et que plusieurs santés ont été portées à la nation, à la liberté, au Roi, etc.

Le soir, toutes les rues ont été illuminées, mais presque toutes les illuminations ont été éteintes par la pluie. Celle de M. Charles Villette seule a été conservée et elle le méritait bien, car elle était charmante. Tous les spectateurs ont demandé l'auteur : on a exigé qu'il parût et il a reçu les témoignages de l'amitié la plus franche et la plus cordiale.

M. Charles Villette est un de nos bons écrivains et de nos plus ardents patriotes ; il a rendu d'importants services dès le commencement de la Révolution. Ses cahiers, son mémoire pour des serfs du Mont-Jura, contiennent plusieurs idées qui paraissaient alors singulières et qui ont été adoptées depuis. Il est du petit nombre de ceux qui ont amené, suivi et servi la Révolution ; ce tribut d'estime que lui ont donné ses frères le dédommage des injures qui lui sont adressées dans les *Actes des Apôtres* et dans d'autres libelles qui vont devenir plus méprisables que jamais.

Grâce à la prudence et à la sagesse de l'administration de la police, il n'y a eu aucun désordre, aucun accident dans les rues. Un malheureux canonnier a été tué par la bourre d'un canon ; quelques soldats ont été blessés par des événements imprévus, ce qui est inévitable dans une si grande réunion d'individus.

Un autre accident, qui pouvait être plus funeste, a pensé troubler la joie de ce beau jour ; quelques planches du pont de bateaux se sont rompues : heureusement, ceux qui marchaient dessus se sont retirés à temps, et personne n'a été blessé, du moins grièvement.

Un spectacle très réjouissant a succédé à cette fête. Plus de trois cent cinquante mille, tant hommes que femmes, étaient réunis dans le Champ de Mars, et il n'y avait pas d'intermédiaire entre le ciel et eux. Or, l'on avait remarqué que depuis sept heures jusqu'à midi, il y avait eu cinq orages, ou, si l'on veut, un orage aristocratique en cinq actes (c'est ainsi qu'on l'a nommé) qui s'étaient *confédérés sans doute* pour chasser nos Parisiennes et nos sœurs des provinces ; mais elles ont tenu bon, elles ont défié les vents et la pluie par diverses chansons agréables, et n'ont quitté qu'après la cérémonie.

Leur retour ressemblait à une véritable mascarade. Plusieurs sans chaussure, ou dont la chaussure restait à chaque pas dans les boues, toutes, les cheveux épars, sans bonnets, ou avec un mouchoir autour de leur tête, revenaient escortées d'un cavalier crotté comme elles jusqu'à l'échine ; la gaieté, cependant, présidait à cette marche, qui avait l'air d'un triomphe. Plusieurs compagnies revenaient en dansant.

Cependant, le cortège est sorti du Champ de Mars, avec autant d'ordre qu'il y était entré.

On doit à la vigilance active de M. de La Fayette, major-général de la Confédération, la tranquillité parfaite qui, dans l'aimable confusion de cette fête patriotique, ajoutait de nouveaux charmes à nos plaisirs.

M. Gouvion, major général en second, doit partager aussi notre reconnaissance. L'intérieur de Paris, gardé par douze mille hommes de la garde nationale, n'a pas vu renouveler ces scènes funestes, qui, presque toujours, accompagnent les réjouissances populaires.

Tous les corps se sont rendus à la Muette, maison royale près du bois de Boulogne. Là, rangés sur la vaste esplanade du Corps-de-logis, ils ont, à la manière des Lacédémoniens, investi les tables, qui gémissaient sous le poids des *aloyaux* et autres mets d'un assaisonnement plus délectable que leur *sauce noire* tant vantée. Nous laissons à penser si, comme dit Boileau, les cruches au large ventre ont eu beau jeu, et si les santés du Roi, de la Reine, de l'Assemblée Nationale et de tous nos confédérés ont été portées et rendues ; ce qu'il y a de plus remarquable, et ce qui est bien digne d'éloges, c'est que, à la fin de ce banquet civique, on ne s'est pas aperçu qu'il régnât d'autre ivresse que celle de l'hilarité, de l'amour fraternel, et du plus pur patriotisme.

APPENDICE

Cette fête donna lieu à plusieurs poésies de circonstance. Nous en donnons ici quelques spécimens :

COUPLETS
chantés par M. Piés, au Club de 1789
sur la Fédération du 14 juillet.

AIR : *On doit soixante mille francs.*

Les traîtres à la nation
Craignent la fédération :
C'est ce qui les désole.
Mais aussi, depuis plus d'un an,
La liberté poursuit son plan :
C'est ce qui nous console (1).

L'instant arrive où pour jamais
Vont s'éclipser tous leurs projets :
C'est ce qui les désole.
Mais l'homme enfin va, cette fois,
Rétablir l'homme dans ses droits :
C'est ce qui nous console.

Quelques-uns regrettent leurs rangs,
Leurs croix, leurs titres, leurs rubans :
C'est ce qui les désole.
Ne brillons plus, il en est temps,
Que par les mœurs et les talents :
C'est ce qui nous console.

(1) Cette forme de chanson eut un grand succès. Danton, allant au supplice, en fit une parodie :

Nous sommes menés au trépas
Par quantité de scélérats ;
C'est ce qui nous désole.
Mais bientôt le moment viendra
Où chacun d'eux y passera,
C'est ce qui nous console.

Ce dont on fera moins de cas,
C'est des cordons et des crachats :
C'est ce qui les désole.
Mais des lauriers, mais des épis,
Des feuilles de chêne ont leur prix :
C'est ce qui nous console.

On en a vu qui, franchement,
N'ont fait qu'épeler leur serment :
C'est ce qui nous désole.
Qu'on le répète à haute voix,
De bouche et de cœur à la fois :
C'est ce qui nous console.

La loge de la liberté
S'élève avec activité :
Maint tyran s'en désole.
Peuples divers, mêmes leçons,
Vous rendront frères et maçons :
C'est ce qui nous console.

II

HYMNE
Pour la fête de la Fédération, par Marie-Joseph Chénier
le 14 juillet 1790

Il est venu, le jour où, depuis une année,
Les destins de la France ont fini ses revers :
Accourez, citoyens ; cette auguste journée
A rompu nos antiques fers.

Égayant par des chants leur active industrie,
Soldats, prêtres, pasteurs, femmes, enfants, vieillards,
Elevaient à la fois l'autel de la Patrie
Au sein de la plaine de Mars.

Des combats meurtriers, les instruments terribles
Par nous ont de l'Etat relevé les destins ;
Citoyens, le travail et ses armes paisibles
N'ont pas moins honoré nos mains.

Offrons à l'Éternel l'hymne patriotique ;
Mêlons à nos serments des chants pleins de fierté ;
Courons sur ce lieu même, autrefois despotique,
Où naquit notre liberté.

. . . .

[20]

Soleil, qui, parcourant ta route accoutumée,
Donnes, ravis le jour, et règles les saisons,
Qui, versant des torrents de lumière enflammée,
    Mûris nos fertiles moissons.

Feu pur, œil éternel, âme et ressort du monde,
Puisses-tu des Français admirer la splendeur !
Puisses-tu ne rien voir, dans ta course féconde,
    Qui soit égal à leur grandeur !

Malheur au despotisme ! Et que l'Europe entière,
Du sang des oppresseurs engraissant ses sillons,
Soit pour notre déesse un vaste sanctuaire,
    Qui dure autant que tes rayons.

Que des siècles trompés le long crime s'expie !
Le ciel pour être libre a fait l'humanité ;
Ainsi que le tyran, l'esclave est un impie
    Rebelle à la divinité.

III

Tout le monde ne partageait pourtant point l'enthousiasme général. Il restait un assez grand nombre de royalistes, dévoués à la monarchie légitime, qui voyaient avec peine ces cérémonies révolutionnaires. Bien qu'on y eût fait figurer le Roi, ces royalistes chansonnèrent la fête, et la pluie, qui la contraria, leur donna beau jeu.

Voici une chanson de ce genre, trouvée dans un dossier du tribunal révolutionnaire, le dossier de Mme Quatresols de Marolles.

CHANSON

Sur l'air : *Ah ! le bel oiseau vraiment !*

Oh ! queu superbe serment !
Comm'ça t'on n'en verra guère.
Oh ! queu superbe serment,
S'il n'y eût eu ni pluie ni vent.

Figurez-vous le Champ de Mars,
Qu'est bien plus grand qu'not' cimetière ;
Il était tout plein d'soudards
Qu'avaient quasi l'air de guerre.

Oh ! queu superbe serment, etc.

> Malgré c'te pluie et le vent
> On vit défiler l's armées ;
> Je m'disais en les regardant :
> Ah ! bon dieu ! que d'poul's mouillées !
>
> Oh ! Queu superbe serment, etc.
>
> Fallait voir nos députés
> Dont queuques-uns faisaient la moue,
> C'étaient de vrais cul's crottés,
> Qui se traînaient dans la boue.
>
> Oh ! Queu superbe serment, etc.
>
> Il y a t'un' chos' çapendant
> Qui m'afflige et qui m'opresse.
> Ça fait du tort au serment :
> C'est l'boiteux qu'a dit la messe (1)
>
> Oh ! Queu superbe serment !
> Comm' ça t'on n'en verra guère,
> De ce superbe serment
> Qu'était si beau, qu'était si grand !
>
> Ils disaient que ce jur'ment
> N'était pas de bonne trempe ;
> Ce s'rait dommage vraiment
> Si c'nétait que d'la détrempe !
>
> Oh ! queu superbe serment !
> Comm'ça s'ra biau en estampe !
> Oh ! le superbe serment !
> Là n'y aura plus ni pluie ni vent.

Cette chanson, assez inoffensive pourtant, ne fut point jugée telle par le tribunal révolutionnaire, et la malheureuse femme chez qui on l'avait saisie, fut condamnée à mort et exécutée le 29 novembre 1793.

IV

M. de Fersen, ce gentilhomme suédois qui montra tant de dévouement à la famille royale lors de ses malheurs, se trouvait à Paris au moment de la Fête de la Fédération. Il assista à cette cérémonie qui blessait si profondément ses convictions politiques aussi bien que ses sentiments intimes.

(1) L'évêque d'Autun, Talleyrand, était boiteux.

Il fut choqué et non ébloui de ce qu'il vit alors. Afin de donner à nos lecteurs un échantillon de ce que pensaient les personnes restées fidèles à la monarchie, nous reproduisons ici la lettre qu'il adressa le 22 juillet à son compatriote et ami, le baron de Taube, lieutenant-général et premier gentilhomme de la chambre chez le roi de Suède, Gustave III. Rappelons que le comte de Fersen était alors colonel d'un régiment français, le *Royal-Suède*.

« Paris, ce 22 juillet 1790.

« MON CHER AMI,

« J'ai voulu attendre que toutes les fêtes, les orgies et les bacchanales de la fédération du 14 fussent bien passées pour vous écrire. Tout s'est mieux passé qu'on ne l'avait espéré, et il n'y a eu que l'ivresse et du bruit.

« La journée du 14, la cérémonie au Champ de Mars n'a pas été intéressante ; il n'y a rien de tout ce qu'on avait dit et craint, il n'y a eu que beaucoup de *Vive le Roi ! Vive la Reine ! Vive le Dauphin !* mais pas d'autres *vive*.

« La cérémonie a été ridicule, indécente et par conséquent pas imposante, malgré le local qui était superbe ; elle n'a duré qu'une heure et demie, mais au lieu d'être à midi, elle n'a été qu'à trois heures et demie. Cependant, les troupes fédérées se sont mises en marche à huit heures à la porte Saint-Martin, mais il leur a fallu trois heures pour se ranger dans le Champ de Mars. Vous jugez par là de l'ordre qu'il y avait.

« En attendant, les gardes nationales de Paris, qui y étaient pour maintenir le bon ordre, se sont amusées à chercher à l'autel un prêtre et deux religieux et à les promener dans l'amphithéâtre, un bonnet de grenadier sur la tête et un fusil sur l'épaule. Il semble que personne ne veut ou ne peut les commander.

« Les députés des provinces ont été à merveille pour le Roi et la Reine, et n'ont cessé de leur donner des marques touchantes de respect, d'amour et de fidélité, et LL. MM. les ont traités à merveille. Ils ont été enchantés de la Reine, qui a pour eux toute la grâce et l'obligeance dont elle est susceptible. Adieu, mon ami, donnez-moi de vos nouvelles, et croyez à ma bien tendre et constante amitié. »

Le fait que rapporte M. de Fersen, du prêtre et des deux moines promenés autour de l'amphithéâtre, l'avait vive-

ment frappé car il en parle à son père, en ajoutant que
ceux qui les entouraient « dansaient comme font les sau-
vages avant de manger un chrétien. » Il y a là quelque
exagération ; la populace est d'un seul mouvement : elle
fut sincère dans son enthousiasme le 14 juillet, comme elle
le fut plus tard lorsqu'elle donna raison aux appréciations
de M. de Fersen, en demandant des supplices et en insul-
tant les victimes conduites à l'échafaud !

1782. — Imp. de Vaugirard, G. de Malherbe, Dir., 152, r. de Vaugirard. — Car. et vig. Doublet.

A nos Lecteurs

Avec ce numéro, prend fin la publication des

Récits des Grands Jours de l'Histoire

Mais nous conservons dans nos magasins un assortiment complet de nos 52 petits volumes, qui seront réimprimés au fur et à mesure de leur épuisement.

Nous avons une dette à acquitter vis-à-vis de ceux de nos abonnés dont la souscription devait expirer postérieurement à ce jour.

Suivant leur désir, nous nous libérerons envers eux soit sous forme de renvoi d'argent (o fr. 75 par mois d'abonnement non servi), soit en leur donnant le droit de nous demander, pour chaque mois, 1 franc de volumes de nos diverses Bibliothèques : Militaire, Populaire, Récits des Grands Jours, etc. Nous tenons des prospectus à la disposition des abonnés qui préféreront cette dernière combinaison.